수잔 안 시집

꽃은 옷을 뒤집어 입는다

제3의 문학

| 序文 |

시집을 엮으며

허겁지겁 고집으로 살아 온 비탈길을 쓸어
가슴으로 털어내고
등으로 다져서
아침에서
저녁까지
질문과
서투른 해답으로
분리수거하여 바람에게 선물한다.
잘 가라.
부디 안녕~~

수잔 안

차 례

차 례

제3부_ 술래잡기

1부

단풍놀이

걷는다

내려놓는 것이
버리는 것이 아닌
바람가지 위에 구름의
시간이다

숲을 풀어 제치며
끌어안는
이슬의 살파심이 가렵다

슬픔의 흔적도
거리에 서성이다
불빛과 걷는다

물이 좋다

물이 좋다
고이지 않는 우물이다

가슴에 가득 붓고
살면서 줄어들 것이다

나이 드는 아침에
마당을 쓸며
채울 수 없는 목마름이
쏟아진다
꽃향기 춤을 추던 날이
한참 그립다
오늘도 물 좋은 날이다

어떤 둥지

바람이 부화하는 우체통에는
하늘과
들판과
그리고 선홍빛 산실이다

꽃씨를 먹여 키운
날개가 돋는다
별빛과
달빛과
노래로 쌓은 하늘이 높다

야경

환한 골목에 담장이
서 있는 것을 보았네
달빛에 뒤척이는 꽃잎의 뒷자락에
바람이 걸어오면
라일락 향기는
어둠 속에서
옷을 벗고
멀리서 구부러져 흐르는 길이
따라와 붙잡는다

등이 가렵다

나이를 부축하며
외딴길을 걷는다

우울한 저녁놀에
질문을 한다
얼마나 더 넘어져야
아프지 않은가
몇 번의 시계를 돌아
정류장의 낙서를 지우면
앞서가는
발걸음들이 수다를 떨며
층계를 오르는지
등이 가렵다

바람 숲

열어다오
가지고 싶다
그래
그래
가져라

잠가도 열리는
열어도 잠기는
거리의 수수께끼다

가자
가자
바람 숲으로 가자

노을에 앉아

반주곡을 들려주세요
물소리 한 그릇 떠 주세요
참을 수 없어요
훨훨 타오르는 노을이
슬퍼서 좋아요
강변에 앉아서
한 아름의 편지를 쓸래요
빗물로 떨어지는 구름 방울이
옷을 적셔도
강물에 넘어져도 괜찮아요
들판의 미루나무 그림자가
다리 밑에 신을 벗네요

바람 하나가

바람 속에 흰 구름이
외딴길을 간다
찔레꽃 피고 지던 그 곳에
아득한 고개를 넘는다

나무들 서서
다리에 힘이 오르면
도랑물도 우렁차게 행진을 한다
산새는
숲과 숨바꼭질 하는데
바람 하나가
구름을 놓고 간다

은어

은어는 물을 입고 산다
물살에 살을 비비며 산다
개천이던
강물이던 간에
타박하지 않아
투정부리지도 않는다
구름이 물에 가라앉아야
모여라
모여들어
구름과도 흘러가 산다
물은 은어가 되고
은어는 물이 된다

우이동에서

바람소리
웃고 있다
잎이 진다

이제야 알겠다
시간표만큼 멀리온 정류장에서

숲이 고요하다
다행이다
물이 울지 울어서
우이동이 저문다

강물이 되어

울음소리는 절름발이
벽에 흐르는
이제야 가자

바람 부는 강변으로
어제의 찻잔에서
훗날 길이 길로 될 것을 위하여

걸어서
일어나서
꿈꾸는 강물이 되고 싶다

잎새는

나뭇잎이
달빛에에 젖는다
구름이 부산하다
창문이 우울하다
젖은 옷에 붉은 달이 떨어진다

산책

무르익은 여름
풍성하고 아름다워라
맑은 공기를 만드는
숲속에 잠길 때
발길은 오솔 길을 따라 가다가
잠시 숨을 고른다
예기치 않은 일을
구경 하게도 하는
하루를 시작하는 에너지를
삶의 먼지들을 털어내면서
삶을 채워가는 길이다

울타리

힘든 한 해다
말없이 몸속으로 들어와 기생하였다
첨단 기계로 병명을 알아내고
침대에 눕혀졌다
입원 한건 처음이다.
아들에게 많이 미안 했다
걷기, 체조, 기계 운동을 하였다
건강하다고 믿고 살아 온
자만한 탓이다
가족들은 걱정을 한다
이까짓 것쯤이야
집으로 돌아와 하던 일을
살아가야 할 힘이
또 살아가는 힘이다

풍경

목소리가 감아 돈다
두려움이 자리한 곳에 닿는다
어둠만이 자리한 곳
다듬어 쌓은 곳
그 벽에 앉은 반딧불 한 마리
온 몸에 짜릿한 흥분이 감돈다
미로 속으로 빠져든 느낌이다
무늬와 무늬가 엉키는
강변을 보고 있으면
물살이 다가와 풍경이 된다

어느 곳 보다

이 세상 어느 곳 보다
검은 빛깔이
흘러오는 밤이다
고요하고 평온한 밤의 살결이 부드럽다
샌프란시스코의 밤보다 달아도 좋을
시드니 항구의 벌어진 조개보다도 감미로울
하와이언 페스티벌이 뜨겁다
엉덩이의 몽골 반점이
말을 타고 초원을 달려
고구려 백제 신라 그리고
나
살아서 산다

산

일어난 것처럼
빛들이 솟구치고
나뭇가지들은 햇빛을 받아
반짝 거렸다
아래로 내려가면서
그림자들을 천천히 벗기고 있다
까마귀 한 마리가
깍깍 울었다
산은 일어날 준비를 한다
하늘을 붙잡고 일어선다
해가 나무의 옷을 벗기면
비로소 산이 보인다

향기

살짝 눈을 뜨면 맵다
깔끔한 자태의 매혹이
칼바람에 살을 베이면
달빛에 언어가 눕는데
온몸으로 받는 그림자가
창에 고인다 향기에 끌려
온 나비 한 마리 숨이 가쁘다

바다와

바다에 배가 산다
그 모양을 드러내며
모습을 자아낸다
요정들이 살고 있을 물의 니르바나
섬들을 밀고 사는 갈매기 떼와
섬도 덩달아 울면
등대가 마중을 나온다
그래도 항구는 멀다

여자의 자궁이 궁금하다

봄

봄의
속을 흐르는 게 있다
젖을 빨아올리며
손톱처럼 매달린다
봄은
분홍 바람으로 온다
함빡 피어
여자의 불길도 곱다

구름과 바람과

햇빛의 춤사위
볼 수 있을 만큼 성숙 했다
주술적 비밀을 담고
흐름과 시간의 융합은
생각 안에 무언가를
가렵게 한다

밤바다 내려앉은 달빛이
정류장에 여장을 풀면
구름과 바람과
풍경이 된다

서울역

홀로 남겨진
여럿이다
또 다른 이름인가
마음 앞에선
어디가 출구인가
우글거리는 인파 속에서
서서 사는 사람들
소리 없는 통곡이 있다
불빛을 토해 내며
거리를 끌어안고 산다
날짜 지난 열차표에 비가 내린다

눈이 내린다

뜰에 내려앉은
눈꽃도

꽃보다
이미 흔적 없는 향기
나무들은
돌아가는 계절
흐르고 흐르던
그 살 속에 나이테를 그린다
새들도 둥지로
짐승들도 굴속으로 들면

겨울 달이 떠오른다

하얀 눈꽃이 활짝 핀다

자전거가 달린다

다치기도 하지만 모두가
내 탓이야
다친 게 얼마나 다행스러운지
달리는 자전거에
정말 신기 했어
땅 바닥에 곤두박질

정강이가 멍들고 아파도
자전거는 달린다
사람들이
나를 물끄러미 바라본다

그 아이가 보고 싶다

또 자전거가 달린다

기분에 불과한

서로 포개지는 것
한 밤중에 잠결로
색안경 쓰는 일
상상이 깨지는 일도 없고
찍어 누르는
다리 아래서 시달릴 일도 아니다
침 발라 닦은 창문을 열면
기분에 불과 한
빗 장을 채울 일도 아니다

단풍놀이

바람을 묻고 있는 중이다

목발 짚은 구름을 두고

산새가 운다

들꽃도 마른 입술로 운다

바람의 묘지에 나비가 난다

낙엽의 행렬이 슬피 운다

바람아
바람아
단풍이 진다

꽃은 옷을 뒤집어 입는다

양수리에 가면
물이 흐른다

바람에 젖은 강둑이
도 레미파 솔라시 도

몸 닳은 낱말들의
문 여는 소리

새는 구름으로 날아가고
꽃은 옷을 뒤집어 입는다

하얀 나비가 빨갛게 물들었다

2부

살 속의 가시

봄 마중

문을 열고 들어온다
걸어가다
떠나려다
바람을 품에 안긴다

눈 속으로
날개옷을 걸쳐 입고
마지막 부르스다
몰래 봄은 온다

물들이고 있다
흘러내릴 것 같다
꽃가루가 묻어 있다

실뱀 한 마리 몸을 푼다

늪

노을이 운다
구름을 하나씩 지운다
풍경 속에
바깥을 보았다
작은 다리가 보인다
지나간 습지의
긴 울음에 구멍이 났다

봄나들이

날씨가 심술을 부린다.
꽃송이가
가지에 내려앉는다
꽃이 가지에 만발한다
떠나기 싫었던가
모습을 보이며 춤을 춘다

목적지에
무사히 왔다
바람도 먼저와 기다렸다

풍경이 좋은 곳이다
봄이다

해와 달

낮이며 밤이다

언제나

꿈을 일구어 가며

살아가기에 설 수 있고

걸어서도 가고

우격다짐으로도 넘어지다가

품에 안고 안기고 해서

넘치는 빛과 어둠과 그리고 그림자와

사는 게 살아서 사는 거지

별이 되어

별들이 살고 있다

별들이 움직이고 있다

바람에 흔들리는 별

별들의 행진인가

바람의 인파는

기다리는 것의 노래를 한다

우리들의 바람은 별이 되고 있다

지팡이

땅 위에
이 길을 지키려
지팡이가 된다
가는 이도
오는 이도
서러운 대지에서 비를 맞는다
몸을 불사르다
물이 되어
구름이 되어
수레바퀴를 끌고 간다

바람의 비밀이 조바심이다

등대

파도의 속살이

달빛에 젖는다

구름이 부산하다

창문이 우울하다

젖은 옷에 붉은 빛이 떨어진다

해녀의 파도가 보고 싶다

해변의 등대에 옷을 입혀야 한다

갈 길이 멀다

사진기

되감고 싶은
플레이만 되고 있는 사진들
시간의 멀미로
풍경은 불륜이 되고
떠날 수 없는 추억의 물감들이
먼발치에서
부서진 조각들이 모여드는데
물감에 노래를 섞는다

시간의 그림자들이 바람에 수를 놓는다

불쾌지수

끄면 높아지고
종일 틀자니
주머니 사정이 진땀이 나고
그렇다고 파출부로 나가기도 그렇고
발정난 매미들이 덩달아 부산을 피니
어디 휴가나 가볼까
그러자니 머리가 목이 타고
책벌레와 그늘에서 매미소리와 놀자

어떤 남자

불끈 사내가 일어선다

허벅지 달콤한 밤보다

허구한 날 소리가 살을 찔러

담장을 쳤다

사내의 코가 큰 것도 모르고

그녀는 과부가 되었다

어느 날

대지를 잠재우고
잠깐 스치는 바람이더라

어느 날
바람이더니
어느 날
구름이더니

변화의 담장을
이제 접으며
잃은 것인가, 버린 것인가
무서운 고독은
등을 비비며 제자리에 놓는다

오아시스

암컷들이
바람의 태양을 유혹한다
판도라와 스핑크스
거울 앞에 서던 날
이국의 두려움을 뒷방에서
쏟아내던
벽들에게 대드는 대항의 꽃인데
이집트의 람세스는 죽었다
하나 둘
각기 다른 족보들과
오늘도 벽을 타고 내리는
모래의 흔적들과
오아시스는 그들을 키워 내고 있다

꽃이라면

나는 꽃
바람에 흔들리다
가까이 서면
바람꽃
나를 닮아 나는 꽃

알고 있는지
가을마다 지는 꽃이다
그럼 봄이 되고 싶다

채널 No

사는 게 살아서
뜨는 해의
지는 달의
바람 속에 감춰진 세상살이
부질없이
두고 간 물소리
한 줌 안개가 되어
알 수 있나
볼 수 있나
화면이 바뀐다

사랑배

넘나드는 파도에게
안부를 전하며
오늘을 걷는다
길고 긴
멀고 먼
바닷새 한 마리 난다
파도는
이제 와
내 말을 들을까
사랑배 한 척이 오는가
마중을 간다

술잔에는

활활
입술에
흘러가는 그리움
비워버린 그림자들
잔을 비우며
떠드는 사람들과
사라져간 물줄기
남으로 남으로
흘러 간 작은 소식들
그곳에 낮달이 뜬다

풀어진 발걸음

풀리는 것이
실타래만은 아니다

토요일 아침
마음이 늦잠을 부른다

강렬한 유혹이
안 되지 스스로 다짐해 보는

토요일 아침
금요일 지나자
발걸음이 풀어지고 있다

구름아

떠도는 구름아

밤마다
어디서 기거를 하는지

서러운
내 처지려니

어느 하늘에
내가 있거든

날마다
날마다
강둑에 나와
구름이더라
전해다오

헛발질을 하다

가고 있다

여기서 저기로
주름살이 늘고

꽃밭에 누워
구름을 따다가
바람이 되다가
개똥참외가 되어
깜부기가 되어
시간의 객이 되어
그림자 하나를 끌고 간다

3부

술래잡기

당신입니다

봄비를 타고
당신은 왔습니다

아침을 부르며
당신은 왔습니다

빨래 줄의 장대가 된
당신입니다

당신은
나의 텃밭 입니다
당신은
당신은 나의 시간표 입니다

잊는다

새 한 마리
해변을 물고 난다
나 홀로 걷는다

수도 없이
지워 버리고
이제 그만 사랑한다

잊어서
잊다가
잊으려 잊는다

그런데 잊는다

가을이 오는

바람결에
오는 소리
들녘으로 나선다
사람도 없는데
만남의 손짓을 위하여
바람을 따라서
가을을 마중한다
가을은 말한다
'여름 옷을 그만 벗을래요'

나는 가끔 이런 생각을 한다

물은 육지를 굽이굽이 머뭇거리다, 인간사 단물과
쓴물을 섞어가며,
산과 들판을 기웃거리다 끝내는 바다에 떨어진다.
물은 출렁인다.
다시 물과 물이 손잡고 울렁이다가, 땅과 흙을 잇고
물과 뭍이 아우성치다가 태양의 끈을 잡고 하늘로
올라간다.
그래서 항구는 바다의 고향이며, 인간의 터전이며
침실이 되는가 보다.

선

선
하나의 줄다리기
너와 나를 잇는

그리고
나와 세상을 잇는

선은
고기를 잡는
그물이 된다
선이 선을 밀고 당긴다
차선은
문이 되어 길이 되어 숨이 차다
비로소 출구가 보인다
선이다

무지개

없는 것은 없기에
만져지지 않는
무지개

피어나는 길
지나온 길은 약속의 반복이다
다시 무지개
그것은 또 사람의 약속이다

못하고
못하여 약속이 웃는다

무지개 속에 갇혀
나는 감옥이 된다

술래잡기

이 밤은
아직 찾지 못했다

바람으로 눕는 가랑이
빨간 허무를 다시 복습 한다

바로 그 전에
속살만 따먹던 나무 밑으로 가볼까

하얀 휴지가 거기에 먼저 와 있다

"저 목이 말라요"

나는 또 술래가 된다

길 1

두 개의 점을 이으면 선(길)이 되고, 세 개의 점이
만나면 도형(모양)이 된다.
늘 선은 긴장과 탄력을 유지하려는 속성을 가진다.
그러나 도형은 항시 합치려 하는
근성이 있다. 선은 자유를 구속하려 들며 도형은
욕망을 채우려 든다.
그러므로 짓는 것은 선과 도형의 운동에서 출발한다.
사람과 사람의 관계도 선과 도형의 충돌에서 비롯된다.
삶의 의미 또한 선(길)과 도형(그릇)을 어떻게 만드냐에
따라 그 가치와 목적이
달라진다. 그것이 모든 변화의 처음이며 끝이다.

서로 서로

바람은 꽃을 만들고
꽃은 씨앗이 만들어

샘은 우물이 되고
우물은 사람과 살고

암컷은 수컷을
수컷은 암컷을

물과 물이
강과 바다와
서로 서로 서로가 된다

고마워요

미안해요
사랑해서
고마워요

고마워요
나 하나라
고마워서
미안해요

고마워요
당신 밖에 없어서
정말 미안해요

꽃잎

꽃이고 싶다
고추잠자리의 옷을 입은
색종이 같은
바람에 흔들리는
그런 꽃이고 싶다

사람들
사람들
사람들의 창가로

나 꽃이고 싶다

배가 운다

바람 따라
날아온 무의도길
갈매기 뱃길 따라
찾아온 찻집
사랑 한 줌 머물다 가는 곳
아픔만큼 주고 가는

갈라서는 실미도에
배가 운다
배가 머문다

그곳에 가리라

그곳으로
보러 가리라

가리라
벗고 가리라

봉선화 꽃물
한 아름 안고 가리라

아픈 침묵을 밟고
한 번은 돌아보리라

날리는 불빛을 쓸며
보러 가리라
어제를 회상하며
그곳에서 보리라

그런 사람

그런 사람
내게도 있었습니다
봄 사람
여름 사람
그 다음 겨울 사람
네게도 있었습니다
싫은 사람
싶은 사람
그런 사람
내게도 있었습니다
봄이 오면
여름, 가을, 겨울
그런 사람
내게도 그런 사람이 있었습니다

퇴근 버스

돌이킬 수 없어
달려 온 길
쉼 없이 지나온 길

바람을 위해 채워진 시간들
살아온 만큼 비워 낸 아픔들

그 끝에서
길고 긴 그림자를
끌면서
밀면서
오늘도 퇴근 버스에 오른다

아버지

생각해 봅니다
가끔 실타래를 물들이며
안부를 전합니다
그곳으로 가신 그날이
아픕니다

그 시절이 꿈같아
잊고 산지
눈 감았습니다

노자 돈이면 뭐 하겠습니까
그날에
그날에도 몰랐습니다
가을밤 소리와 함께
잎이 떨어집니다
당신의 무릎에 하얀 달이 뜹니다

꽃바람이 되어

잊고 살거나
해마다 주저 없이
내게도 있었으니
오늘은
꽃바람 하나 만들어보자
있는 것은
물감으로 시간을 그리자
그림자를 지우며
바람 같은 그곳에 서 있으니
가지마라
가고 없는 구름이었다

먼 훗날
다리가 되어
강물이 되어
바람이 되어

이름 하나가 있습니다

설레는
이름 하나 있습니다

품고 있는
이름 하나 있습니다

가고 싶어
두고 온 이름도 있습니다

그래
간직할 이름이 있습니다
당신 그리고 고향입니다

그것이 사랑입니다

머물 줄 알았습니다

가는 줄 몰랐습니다

설마 인줄 알았습니다

마냥 좋은 적이 많았습니다

그런 줄 알았습니다

모르는 것을 몰랐습니다

그것이 사랑입니다

하얀 밤

이제부터
사랑을 질문한다
모를까 궁금해도
허상의 구구단을 위하여
없는 날이 있는 날이다
그곳에 너를 보내던
돌아서는
손끝의 서운함으로
시려서 저리도록 밤을 묶는다

어쩌다 아프지 말고 함께 가자

말하지 말자

꽃병에
피다 만 생각을 담근다
말하지 말자
방황의 시간이 비틀거려도
무엇의 지팡이는 싫다
들판에 홀로 구름이 되어
이 날이 지나면
지나고 나면 문이 열릴 것이다
이리도 풀리지 않는 상념이
잊은 듯 따라와도 괜찮다
오늘은 말하지 말자

그대를 위하여

거리를 지키다

그대를 위하여
그대를 위하여
그대를 위하여

여기 작은
노래할 빛깔만을
그대를 위하여

정말 좋았습니다

길들도
땅위에서 바람을 비껴가던
날에
그대를 위하여 그립니다

그림 하나가

그림 하나
그곳에 그려 붙인다

꽃 한 송이 피는
날에는
생각으로 물감을 타며
마음을 그린다

꿈을 따던 시간들이
불빛으로 들어온다

시간의 노래가 구름이 되어
다시 그림 하나가 일어나 나간다

노을에서

창에
달빛도 허영입니까
숙제를 몰라 질문을 못합니까
슬픔은
고통은
어떻게 설거지 하는 겁니까
그 길은
갈 수 없는 길이라도
가야만 하는
날마다 가시로 일어서야 합니까
'세월이 약이 겠지요'
유행가 가사를 수저로 뜨는
광장은 어디 랍니까

마덜

쌀 씻었냐?
아뇨
청소는 했구?
좀있다 할께요
아이구 귀신도 안 물어 갈 년아
확 파서 나가
호적이 공사판도 아니고
맨 날 뭘 파라는거야

| 拔文 |

언어로 그린 물감의 모자이크

안 익 수 (시인, 한국문인협회 편집위원)

나는 수잔- 안의 몇 작품을 찍어 간을 본 바가 있다.

그는 언어의 디딤돌을 들추어 가며 구체적인 심상을 물감으로 모자이크 한다. 허구와 실상을 의식의 징검다리로 구상화 시킨다. 차라리 언어의 양념을 잘 선택하여 맛깔스러운 해학에 이른다. 그는 시를 상상의 맛으로 주물러 언어의 밥상에 올리고 있다. 따뜻한 언어의 포만감으로 심상이 익어간다. 그의 보편적 언어의 신념과 율동은 도발적인 듯 유연하며 탄력이 있다. 비로소 시심의 사과가 붉게 익는 것이다.

심상은 실상과 허상으로 직조되는 물감의 모자이크다. 평상심의 진솔한 언어야말로 삶과 미의 얼룩에 힐링이 된다.

그럼 시 몇 편을 불러내 보자

활활
입술에
흘러가는 그리움
비워버린 그림자들
잔을 비우며
떠드는 사람들과
사라져간 물줄기
남으로 남으로

흘러 간 작은 소식들
그곳에 낮달이 뜬다

〈술잔에는〉 전문

시인이 통속적 관능에서 비껴가는 사유의 행보는 갈라진 살과 살을 다시 잇는 아픈 노래일 수도 있다.

인간은 육감적 향유를 즐겨하여 멀미나는 현실에서 철저히 고상하기를 더러는 말한다. 그러기에 삶의 의미와 해답을 질문하여 아궁이에 시간의 꿈을 지핀다.

비로소 일상의 물감이 시간의 무늬를 그릴 때 창공의 푸른 구름은 살결의 옷이 되는 것이 아닌가.

다음의 시는 어떤 말을 할까.

나이를 부축하며
외딴길을 걷는다

우울한 저녁놀에
질문을 한다
얼마나 더 넘어져야
아프지 않은가
몇 번의 시계를 돌아
정류장의 낙서를 지우면
앞서가는
발걸음들이 수다를 떨며
층계를 오르는지
등이 가렵다

〈등이 가렵다〉 전문

시인은 이미지의 투영을 통하여 삶의 물감을 조합해 낸다. 시간의 여정 가운데 동행과 도전의 바람에 이른다. 수잔-안 시인은 광야의 날카로운 이성에 앙살을 하며 천박한 언어의 옷감에 가위를 든다. 감성의 뜨락에 떨어진 꽃잎의 상처에서 달빛을 건지고 있다.

수잔-안 시인은 시심의 언어에 분을 바르지 않는다. 다만 엄격한 품격의 언어로 감성의 종아리를 아프게 한다. 심상의 내면에서 요동치는 물감의 언어가 햇살을 꺾는다. 언어의 습관적 매너리즘에서 탈피하고자 출구를 찾는다. 그러기에 물감의 기억으로 채색된 세상의 모순에 대하여 사유의 돌멩이를 가슴에 던지고 있는 것이다. 가슴에 푸른 멍은 다시 언어의 물감으로 순환이 된다. 수잔-안의 시에서 심상의 언어는 산가지에 목을 매지 않는다. 그의 시적 언어는 푸른 강에 뜨는 마치 달과도 같다. 그의 삶속에서 달구어진 언어의 달이 강물에서 뜨고 가슴으로 지는 것이다.

'발걸음들이 수다' 는 그의 삶에서 줄기찬 행진이다. 시의 언어가 삶보다 앞서 가면 꿈이 된다.

다음의 시는 어떤 옷을 입었을까.

바람을 묻고 있는 중이다
목발 짚은 구름을 두고
산새가 운다
들꽃도 마른 입술로 운다
바람의 묘지에 나비가 난다
낙엽의 행렬이 슬피 운다

바람아

바람아
단풍이 진다

〈단풍놀이〉 전문

사람은 집안에서나 마음 밖에서나 생각의 주판을 놓는다. 밑져야 본전인 삶으로 자위하며 사는 것이 보통 사람의 산술이다. 맛있는 음식이 있으면 좋은 사람과 수다상을 차리고 싶을 때가 있다. 그러나 요즘 사람들은 전화기로 커피타임을 갖는다. 때때로 바깥세상이 궁금하고 엿보고 싶은 거다. 수잔-안 시인은 세상과의 통로를 통하여 잃어버린 허공의 날개로 비상하고 싶은 것이다. 시인은 가고 싶은 섬이 있다. 그곳에 삶의 짐을 부려야 하며 또 다른 이상의 벽돌을 쌓으려 함이 아닐까. 책갈피 속에서 터득한 살결로 부화시킨 새 한 마리를 날려 보낸다. 새는 어디에 안착하여 둥지를 틀는지 또 궁금하여 훔쳐보는 것이다. 누구나 가끔은 빨간 사과를 보면 풋사과가 되고 싶다. 그러나 해바라기 그림자를 등에 지고 열심히 해를 따라가며 핀다. 사람은 종종 한눈을 팔며 왁자지껄 소문을 즐기기도 한다. 이 또한 시인이 엿듣고 싶은 세상살이 아닌가. 그의 시적 언어의 활용성은 숨은 듯 움트는 힘이 있다. 활짝 핀 사유의 몸짓으로 시적 관념의 벽을 허무는 것이다. 시인은 물상의 현상과 숨바꼭질 하며 인간의 길에 '단풍놀이'가 된다.

그러면 시인의 또 다른 목청을 열어 보자.

양수리에 가면

물이 흐른다

바람에 젖은 강둑이
도 레미파 솔라시 도

몸 달은 낱말들의
문 여는 소리

새는 구름으로 날아가고
꽃은 옷을 뒤집어 입는다

하얀 나비가 빨갛게 물들었다
〈꽃은 옷을 뒤집어 입는다〉전문

수잔-안의 시적 언어의 식감은 질기고 달콤하다. 사상의 소화가 잘 되어 감성의 포만감이 그윽하다. 그의 시는 잘 반죽된 물감의 율동과도 같이 흥겹다가 더러는 맛있는 앙탈을 부린다. 한편 그의 시적 사유는 꽃바람 분질러 싣고 가는 수레다. 언어의 질감에서 오는 시각적 최상의 미감은 질기고 끈끈한 미감이다.

긴장과 해이에서 발산하는 에너지의 탄력은 다채롭다. 시상의 틀이 뜨겁기에 시심의 그릇도 옹골지다. '바람에 젖은 강둑이 / 도 레미파 솔라시 도' 모든 사물은 흘러간다. 시간과 동행하기에 그렇다. 이 말은 시인이 간구하는 시의 그릇을 흐르는 시간에 설거지 하는 것일 게다.

그러면 다음의 시는 어디로 흐르는가 따라가 보자.

이 세상 어느 곳 보다
검은 빛깔이
흘러오는 밤이다
고요하고 평온한 밤의 살결이 부드럽다
샌프란시스코의 밤보다 달아도 좋을
시드니 항구의 벌어진 조개보다도 감미로울
하와이언 페스티벌이 뜨겁다
엉덩이의 몽골 반점이
말을 타고 초원을 달려
고구려 백제 신라 그리고
나
살아서 산다

〈어느 곳 보다〉 전문

수잔-안 시인의 시상의 집은 담장 없는 대문이다. 서로 붙잡고 있는 탄탄한 언어가 담장이 될 때 비로소 시심의 대문이 열리며 꽃망울이 터진다. 사상의 수수께끼와 사유의 함축과 절제는 많은 의미를 유추한다. 그는 산자락에 숨은 이름을 부르며 바람을 띄운다. 지나간 기억들이 대답을 한다. 그러면 시인은 누구의 이름을 - '엉덩이의 몽골 반점' 을 -붙잡고 구름노래를 할 것이다. 아마도 꺼이꺼이 찬물을 마신다. 구름을 밀다 햇볕도 줍다가 다시 산 하나를 떠다밀 것이다. 인간은 들길을 지나 산길에 이르고 언덕을 넘어 고개를 넘어야 동네에 이른다. 그래서 그의 시는 길을 접고 길을 내는 시의 나그네다. 아마도 누구는 시를 지고 가고 누구는 시를 밀고 갈 일이다. 아니다 이파리 하나 떨어진 길에서 시를 부를 것이다. '항구의 벌어진 조개보다도 감미로울' 멀리서 사람보다 먼저 허수아비가 손짓을 할까.

그러면 안에 있는 시 한 편을 다시 불러내 보자.

문을 열고 들어온다
걸어가다
떠나려다
바람을 품에 안긴다

눈 속으로
날개옷을 걸쳐 입고
마지막 부르스다
몰래 봄은 온다

물들이고 있다
흘러내릴 것 같다
꽃가루가 묻어 있다

실뱀 한 마리 몸을 푼다

〈봄 마중〉 전문

누구나 사람은 기대어 산다. 모든 균형의 추는 양쪽을 동반한다. 한 발로는 먼 길을 갈 수 없다. 움직이는 균형은 반드시 두 개 이상 이어야만 한다. 그것이 완전한 지탱이며 정지다. 그러기에 인간에게는 동행이란 말이 따뜻한 의지며 율동이 된다. 발이 부러진 의자는 사람을 기다리지 않는다.

시인은 불구의 달빛일지라도 상상의 회랑에서 금이 간 이름으로 창문을 연다. 그리고 길을 내며 달력을 넘긴다.

어디 길가에 꽃이 길을 위해 피던가. 바람에 흔들리다 사람의 발을 건다. 사람이 꽃향기에 발을 접질려도 꽃에게는 너그럽다. 시인은 동구 밖에서 후덕한 그릇에다 달빛을 따 담으며 포근한 세상을 기다리고 있을 거다. 시인은 시를 통하여 인간의 가슴에다 노래를 경작한다. 그 가슴의 텃밭을 지나 이상의 터전으로 가는 이정표를 세우고 있는 것이다.

그렇다. 시인의 갈망과 간구는 시의 고향에서 멀리 있지 않다.

> 물은 육지를 굽이굽이 머뭇거리다, 인간사 단물과
> 쓴물을 섞어가며,
> 산과 들판을 기웃거리다 끝내는 바다에 떨어진다.
> 물은 출렁인다.
> 다시 물과 물이 손잡고 울렁이다가, 땅과 흙을 잇고
> 물과 뭍이 아우성치다가 태양의 끈을 잡고 하늘로
> 올라간다.
> 그래서 항구는 바다의 고향이며, 인간의 터전이며
> 침실이 되는가 보다.
>
> 〈나는 가끔 이런 생각을 한다〉 전문

수잔–안 시인의 시적 상상의 기법은 대체적으로 다감하다. 그의 시에서 '단물과 쓴물' 속에는 발효된 생동감의 묘미가 함축되어 있다. 패러디 한 사색의 항구는 군침이 도는 낭만이다. 그가 말하는 '인간의 터전' 에는 조각된 삶의 곡조들이 부산하다. 숙성된 가락과 노작거리며 화장을 지운다. 피곤한 땀을 바람 밖으로 떠다밀어

야 할 일이다. 그가 갈망하는 시심에 물을 채우고 잘 익은 바람으로 간을 맞추는 것이다. 시인은 '항구는 바다의 고향이며' 삶의 마중 터이다.

그러면 더 짙은 물감의 시를 만나 보자.

암컷들이
바람의 태양을 유혹한다
판도라와 스핑크스
거울 앞에 서던 날
이국의 두려움을 뒷방에서
쏟아내던
벽들에게 대드는 대항의 꽃인데
이집트의 람세스는 죽었다
하나 둘
각기 다른 족보들과
오늘도 벽을 타고 내리는
모래의 흔적들과
오아시스는 그들을 키워 내고 있다

〈오아시스〉 전문

산다는 것은 살아있다는 것이다. 생살을 밀고 나오는 물감들의 찬란한 진통은 '모래의 흔적' 이다.

시적 언어에 푸른 물감을 탄다고 싱싱한 살이 오르지 않는다. 새 길을 낸다고 우격다짐으로 생트집을 부릴 일도 아니다. 아마도 수잔-안 시인은 이치와 섭리에 대하여 인간의 중심으로 훈수를 둔다. 고요한 아침이 생명의 숨결을 깨울 때 시인은 사람의 마당을 쓴다. 햇살에 탯줄을 동여매는 것이다.

인간의 술래잡기 놀이에 시인은 다음의 시로 사람을 찾는다.

이 밤은
아직 찾지 못했다

바람으로 눕는 가랑이
빨간 허무를 다시 복습 한다

바로 그 전에
속살만 따먹던 나무 밑으로 가볼까

하얀 휴지가 거기에 먼저 와 있다

"저 목이 말라요"

나는 또 술래가 된다

〈술래잡기〉전문

도시의 숲에는 바람이 모여 숨바꼭질 한다. 그러나 세상 구석구석에는 불만투성이다.

시인의 언어가 달려 나가도 바람이 먼저 앞질러 간다. 무릎이 깨진 언어가 거리에 주저앉아 '빨간 허무를 복습한다' – 시인은 언어가 이겼다고 주먹을 불끈 쥔다. 그러나 힘센 놈을 어떻게 끌어낼지 캄캄하다. 풋사과는 익으면 붉다. 시인의 언어는 사과나무 밑으로 가서 주문을 펼친다. 심오한 박자와 리듬으로 골목길을 불러낸다.

문득 사람이 생각난다. 미아리 고개 점쟁이다. – '저 목이 말라요' –

궁합이 맞는 배필을 만나 살고 지고 점쟁이와 시인은 한 통속일까.

사는 게 살아서
뜨는 해의
지는 달의
바람 속에 감춰진 세상살이
부질없이
두고 간 물소리
한 줌 안개가 되어
알 수 있나
볼 수 있나
화면이 바뀐다

〈채널 No〉전문

두 개의 점을 이으면 선(길)이 되고, 세 개의 점이
만나면 도형(모양)이 된다.
늘 선은 긴장과 탄력을 유지하려는 속성을 가진다.
그러나 도형은 항시 합치려 하는
근성이 있다. 선은 자유를 구속하려 들며 도형은
욕망을 채우려 든다.
그러므로 짓는 것은 선과 도형의 운동에서 출발한다.
사람과 사람의 관계도 선과 도형의 충돌에서 비롯된다.
삶의 의미 또한 선(길)과 도형(그릇)을 어떻게 만드냐에
따라 그 가치와 목적이
달라진다. 그것이 모든 변화의 처음이며 끝이다.

〈길1〉전문

지금까지 수잔 –안의 몇 편의 시와 간절한 이야기를 나누었다.

이제 시 〈단풍놀이〉와 〈술래잡기〉를 불러내어 안부를 접으려 한다.

대체적으로 시인의 시에서 분명히 드러나는 시적 사상은 원초적 경계의 카타르시스다. 시인의 맑은 언어는 흙탕물을 일으키는 미꾸라지를 움킬 수 있다. 시인의 비틀대는 언어는 구름이 나무란다. 부러진 빗줄기는 바람이 부축하여 언덕을 오른다. 그의 심상은 견고한 관념의 올가미로 잡아두지 않는다. 마치 그의 시적 이미지는 숲과도 같다. 언어의 가시는 살 속에서 꿈틀거린다. 그의 시적 언어는 화롯가에 인두다. 거침없이 불속으로 뛰어들어 살을 달군다. 달구어진 인두는 살결 구석구석을 더듬으며 애무를 한다. 살이 녹는다. 불은 언어의 물감을 눕히고 정복한다. 원초적 본능을 과감하게 복습한다.

이처럼 수잔–안의 시는 달구어진 물감의 시다. 시의 강열한 물감은 허무함을 용납하지 않는다.

그가 직시하는 사물의 상상력은 물감으로 하모니를 이루게 한다. 화목한 살 속에서 불꽃이 핀다. 그래서 그의 시적 상상의 숲은 화목하다. 태풍이 불어오면 큰 나무가 먼저 나가 사력을 다해 싸우다 부러지거나 쓰러진다. 작은 나무와 풀들은 온몸을 던져 쓰러지는 나무를 끌어안는다. 그가 간구하는 시의 사상은 세상의 공격을 떠다밀 줄도 알고 끌어안을 줄도 안다.

그의 시는 자연과 인간의 다리가 되는 물감의 봉사이며 시학의 반거이다.

수잔–안 시인의 시편에서 또 하나 간과해서는 안 될

그의 시상의 발현은 신화적 성찰에 있다.

그의 신화적 성찰이라 함은 플라톤의 '아틸란티스' 즉 완정한 이상향(이데아)을 부정하는 것은 아니다. 다만 행복한 낙원에 대한 갈망의 경계에 깃발을 꽂는다. 부화된 현실을 꿈으로 이주시키고 싶은 욕망을 초대하는 것이다.

현실에서 상상의 세계로 유입되는 심상의 줄기는 도도한 숨결로 일어선다. 시심의 깊이가 잔잔할 때 바람과도 타협할 줄 안다.

그의 시적 물감의 변주는 인간의 아프고 가려운 곳에 그림을 놓는다.

그래서 그는 물감의 시인이다.

초판인쇄 | 2016년 10월 15일
초판발행 | 2016년 10월 20일

저　　자 | 수잔 안
펴 낸 곳 | 제3의 문학

주　　소 | 경기도 가평군 상면 축령로70번길 41-6
전　　화 | Seoul Office / (02)2279-3357~8
E-mail | 3munhak@hanmail.net

출판등록 | 2008. 8. 21 제1-2727호

가　　격 | 9,000원

ISBN 978-89-89629-85-6